무량공덕14　　　무비스님 편저

천지팔양신주경

 권하는 글

독송(讀誦) 공덕문(功德文)

부처님은 범인(凡人)이 흉내 낼 수 없는 피나는 정진(精進)을 통해 큰 깨달음을 이루신 인류의 큰 스승이십니다. 그 깨달음으로 삶과 존재의 실상(實相)을 바르게 꿰뚫어 보시고 의미 있고 보람된 삶에 대하여 가르치셨습니다.

부처님의 가르침을 전하는 사람을 법사(法師)라고 하는데, 법화경(法華經) 법사품(法師品)에는 다섯 가지 법사에 대하여 설파하고 있습니다. 그 첫째는 경전을 지니고 다니는 사람, 둘째는 경전을 읽는 사람, 셋째는 경전을 외우는 사람, 넷째는 경전을 해설하는 사람, 다섯째는 경전을 사경하는 사람입니다. 이 중 한 가지만 하더라도 훌륭한 법사이며, "법사의 길을 행하는 사람은 부처님의 장엄(莊嚴)으로 장엄한 사람이며, 부처

님께서 두 어깨로 업어주는 사람이다." 라고 말씀하고 있으니 세상을 살아가면서 이보다 더 큰 보람과 영광이 어디에 있겠습니까?

　이번에 제작된 〈무량공덕 독송본〉은 항상 지니고 다니면서 읽고 베껴 쓸 수 있는 경전입니다. 부디 많은 분들이 이 인연 공덕에 함께 하시어 큰깨달음 이루시고 행복하시기를 기원합니다.

독송공덕수승행 무변승복개회향
讀誦功德殊勝行 無邊勝福皆廻向(독송한 그 공덕 수승하여라, 가없는 그 공덕 모두 회향하여)

보원침익제유정 속왕무량광불찰
普願沈溺諸有情 速往無量光佛刹(이 세상 모든 사람 모든 생명, 한량없는 복된 삶 누려지이다.)

　　　　불기2549(2005)년 여름안거
　　　　금정산 범어사　如天 無比 합장

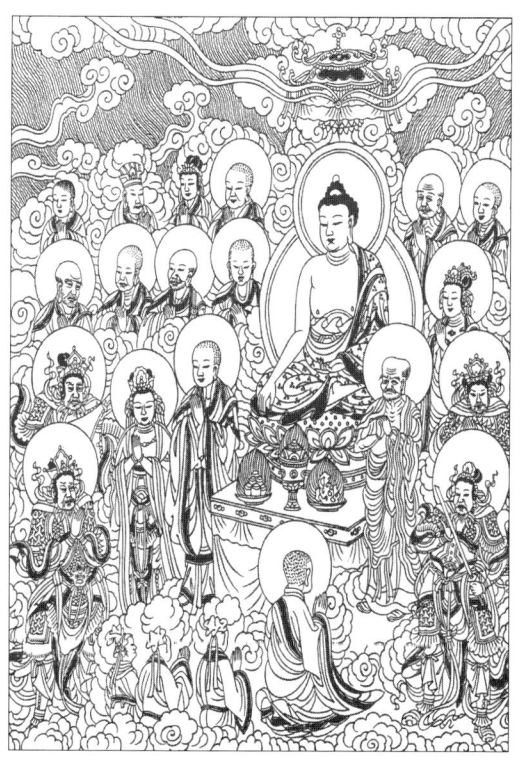

천지팔양신주경 (팔양경)

天地八陽神呪經 (八陽經)

당 삼장법사 의정 봉조역
唐 三藏法師 義淨 奉詔譯

문여시하니 聞如是
일시에 불이 재비야달마성요확택 一時 佛在毘耶達摩城寥廓宅
중하사 시방이 상수하고 사중이 위요러시나 이시에 中 十方相隨 四衆圍繞 爾時
무애보살이 재대중중하사 즉종좌기하여 합장향
無碍菩薩 在大衆中 即從座起 合掌向

7

불하고 이백불언하사대 세존이시여 차염부제중생이 佛하고 而白佛言 此閻浮提衆生 遞代相生하야 無始已來로 상속부단호되 유식자 체대상생하야 무시이래로 相續不斷 有識者 少하고 무지자다하며 염불자소하고 구신자다하며 少 無智者多 念佛者少 求神者多 지계자소하고 파계자다하며 정진자소하고 해태 持戒者少 破戒者多 精進者少 懈怠 자다하며 지혜자소하고 우치자다하며 장수자소 者多 智慧者少 愚癡者多 長壽者少 하고 단명자다하며 선정자소하고 산란자다하며 부 短命者多 禪定者少 散亂者多 富

8

귀자소하고 빈천자다하며 온유자소하고 강강자 貴者少 貧賤者多 溫柔者少 剛強者

다하며 흥성자소하고 경독자다하며 정직자소하고 多 興盛者少 惸獨者多 正直者

곡첨자다하며 청신자소하고 탐탁자다하며 보시 曲諂者多 淸愼者少 貪濁者多 布施

자소하고 간린자다하며 신실자소하고 허망자다 者少 慳悋者多 信實者少 虛妄者多

하여 치사세속으로 천박하여 관법이 도독하며 부 致使世俗 淺薄 官法 茶毒 賦

역이 번중하고 백성이 궁고하여 소구난득은 양 役 煩重 百姓 窮苦 所求難得 良

유신사도견하여 획여시고일새 유원세존은 위제
由信邪倒見 獲如是苦 唯願世尊 爲諸

사견중생하여 설기정견지법하사 영득오해하여 면
邪見衆生 說其正見之法 令得悟解 免

어중고케하소서
於衆苦

불언선재선재라 무애보살이여 여대자비로 위
佛言善哉善哉 無碍菩薩 汝大慈悲 爲

제사견중생하여 문어여래정견지법의 불가사의하
諸邪見衆生 問於如來正見之法 不可思議

니 여등은 제청하고 선사념지하라 오당위여하여 분
汝等 諦聽 善思念之 吾當爲汝 分

별해설천지팔양지경하리라 차경은 과거제불이
別解說天地八陽之經　此經　過去諸佛

이설하시고 미래제불이 당설하시며 현재제불이 금
已說　　　未來諸佛　當說　　　現在諸佛　今

설하시니라
說

부천지지간에 위인이 최승최상하야 귀어일체
夫天地之間　爲人　最勝最上　　　貴於一切

만물하나니 인자는 정야며 진야라 심무허망하여
萬物　　　人者　正也　眞也　心無虛妄

신행정진이니 좌별위정이요 우불위진이라 상행정
身行正眞　　左ノ爲正　　　右ヽ爲眞　　常行正

진할새 **고명위인**이니라 **시지**하라 **인능홍도**하며 **도이**
眞故名爲人 是知 人能弘道 道以

윤신하나니 **의도의인**하면 **개성성도**하리라
潤身 依道依人 皆成聖道

부차무애보살이여 **일체중생**이 **기득인신**하여
復次無碍菩薩 一切衆生 旣得人身

불능수복하고 **배진향위**하여 **조종종악엽**타가 **명**
不能修福 背眞向僞 造種種惡業 命

장욕종에 **침륜고해**하여 **수종종죄**하나니 **약문차**
將欲終 沈淪苦海 受種種罪 若聞此

경하고 **신심불역**하면 **즉득해탈제죄지난**하여 **출어**
經 信心不逆 卽得解脫諸罪之難 出於

고해하며 **선신**이 **가호**하여 **무제장애**하고 **연년익수**하여 **이무횡요**하나니 **이신력고**로 **획여시복**이어늘
苦海 善神 加護 無諸障礙 延年益壽 而無橫夭 以信力故 獲如是福

하황유인이 **진능서사**하고 **수지독송**하며 **여법수행**가
何況有人 盡能書寫 受持讀誦 如法修行

기공덕은 **불가칭**이며 **불가량**이며 **무유변제**하여
其功德 不可稱 不可量 無有邊際

명종지후에 **병득성불**하리라
命終之後 並得成佛

불고무애보살마하살하사대 **약유중생**이 **신사도**
佛告無碍菩薩摩訶薩 若有衆生 信邪倒

견하여 즉피사마외도와 이매망량과 조명백괴와
見 卽被邪魔外道 魍魅魍魎 鳥鳴百怪

제악귀신이 경래뇌란하여 여기횡병호되 악종악
諸惡鬼神 競來惱亂 與其橫病 惡腫惡

주악오로 수기통고하여 무유휴식이라도 우선지식
瘂惡忤 受其痛苦 無有休息 遇善知識

하야 위독차경삼편하면 시제악귀가 개실소멸하여
爲讀此經三遍 是諸惡鬼 皆悉消滅

병즉제유하여 신강력족하나니 독경공덕으로 획여
病則除愈 身强力足 讀經功德 獲如

시복하나니라 약유중생이 다어음욕하며 진에우치
是福 若有衆生 多於淫欲 瞋恚愚癡

하며 **간탐질투**라도 **약견차경**하고 **신경공양**하며 즉
慳貪疾妬 若見此經 信敬供養 卽

독차경삼편하면 **우치등악**이 **병개제멸**하며 자비
讀此經三遍 愚癡等惡 並皆除滅 慈悲

희사로 **득불법분**이니라
喜捨 得佛法分

부차무애보살이여 **약선남자선여인**이 흥유위
復次無碍菩薩 若善男子善女人 興有爲

법하되 **선독차경삼편**하고 **축장동토**하며 **안립가택**
法 先讀此經三遍 築墻動土 安立家宅

하되 **남당북당**과 **동서서서**와 **주사객옥**과 **문호정**
南堂北堂 東序西序 廚舍客屋 門戶井

조와 대애고장과 육축난혼하면 일유월살과 장군
竈 碓 磑 庫 藏　六畜欄溷　日遊月殺　將軍

태세와 황번표미와 오토지신과 청룡백호와 주
太歲　黃幡豹尾　五土地神　靑龍白虎　朱

작현무와 육갑금휘와 십이제신과 토위복용과
雀玄武　六甲禁諱　十二諸神　土尉伏龍

일체귀매가 개실은장하여 원병타방하고 형소영
一切鬼魅　皆悉隱藏　遠迸他方　形消影

멸하여 불감위해하며 심대길리하여 득복무량하리라
滅　不敢爲害　甚大吉利　得福無量

선남자야 흥공지후에 당사영안하고 옥택이 뇌
善男子　興功之後　堂舍永安　屋宅　牢

고하며 **부귀길창**하여 **불구자득**하며 **약욕원행종군**
固富貴吉昌 不求自得 若欲遠行從軍

커나 **사환흥생**하면 **심득의리**하여 **문흥인귀**하며 백
仕宦興生 甚得宜利 門興人貴 百

자천손으로 **부자자효**하며 **남충여정**하며 **형공제순**
子千孫 父慈子孝 男忠女貞 兄恭弟順

하고 **부처화목**하며 **신의독친**하고 **소원성취**하리라 약
夫妻和睦 信義篤親 所願成就 若

유중생이 **홀피현관구계**하여 **도적견만**이라도 **잠독**
有衆生 忽被縣官拘繫 盜賊牽挽 暫讀

차경삼편하면 **즉득해탈**하리라
此經三遍 卽得解脫

약유선남자와 선여인이 수지독송하고 위타인

若有善男子 善女人 受持讀誦 爲他人

하야 서사천지팔양경자는 설입수화라도 불피분

書寫天地八陽經者 設入水火 不被焚

표하고 혹재산택이라도 호랑이 병적하야 불감박서

漂 或在山澤 虎狼 屛跡 不敢搏噬

하며 선신이 위호하여 성무상도하리라 약부유인이

善神 衛護 成無上道 若復有人

다어망어기어와 악구양설이라도 약능수지독송

多於妄語綺語 惡口兩舌 若能受持讀誦

차경하면 영제사과하고 득사무애변하여 이성불도

此經 永除四過 得四無碍辯 而成佛道

하며 **약선남자선여인등**이 **부모유죄**하여 **임종지**
일에 **당타지옥**하여 **수무량고**라도 **기자즉위독송**
차경칠편하면 **부모즉리지옥**하고 **이생천상**하여
견불문법하고 **오무생인**하야 **이성불도**하리라
불고무애보살하사대 **비바시불시**에 **유우바새**
우바이하여 **심불신사**하고 **경숭불법**하며 **서사차**

若善男子善女人等 父母有罪 臨終之
日 當墮地獄 受無量苦 其子卽爲讀誦
此經七遍 父母卽離地獄 而生天上
見佛聞法 悟無生忍 以成佛道
佛告無碍菩薩 毗婆尸佛時 有優婆塞
優婆夷 心不信邪 敬崇佛法 書寫此

19

經하여 受持讀誦하되 須作卽作 一無所聞하며

이 正信故로 兼行布施하되 平等供養하고 得無漏

신으로 成菩提道

겁명은 大滿이요 國號는 無邊이며

보살도하되 無所得法하니라

부차무애보살이여 此天地八陽經이 行閻浮提

경하여 수지독송하되 수작즉작하고 일무소문하며

이정신고로 겸행보시하되 평등공양하고 득무루

신으로 성보리도하니 號曰普光如來應正等覺이라

겁명은 대만이요 국호는 무변이며 단시인민이 행

보살도하되 무소득법하니라

부차무애보살이여 차천지팔양경이 행염부제

菩薩道

復次無碍菩薩

20

하면 在在處處에 **재재처처**에 **유팔보살**과 **제범천왕**과 **일체명**
有八菩薩 諸梵天王 一切

령이 **위요차경**하고 **향화공양**하여 **어불무이**하시니라
靈 圍繞此經 香華供養 如佛無異

불고무애보살마하살하사대 **약선남자선여인등**
佛告無碍菩薩摩訶薩 若善男子善女人等

이 **위제중생**하여 **강설차경**하면 **심달실상**하여 **득심**
爲諸衆生 講說此經 深達實相 得甚

심리하되 **즉지신심**이 **불신법심**이라 **소이능지즉**
深理 即知身心 佛身法心 所以能知即

지혜니 **안상견종종무진색**하되 **색즉시공**이요 **공**
知慧 眼常見種種無盡色 色即是空 空

즉시색이라 수상행식도 역공하나니 즉시묘색신여
卽是色 受想行識 亦空 卽是妙色身如

래며 이상문종종무진성하되 성즉시공이요 공즉
來 耳常聞種種無盡聲 聲卽是空 空卽

시성이라 즉시묘음성여래며 비상후종종무진향
是聲 卽是妙音聲如來 鼻常齅種種無盡香

하되 향즉시공이요 공즉시향이라 즉시향적여래며
香卽是空 空卽是香 卽是香積如來

설상요종종무진미하되 미즉시공이요 공즉시미라
舌常了種種無盡味 味卽是空 空卽是味

즉시법희여래며 신상각종종무진촉호되 촉즉시
卽是法喜如來 身常覺種種無盡觸 觸卽是

공이요 공즉시촉이라 즉시지승여래며 의상사상 空 空卽是觸 卽是智勝如來 意常思想

분별종종무진법호되 법즉시공이요 공즉시법이라 分別種種無盡法 法卽是空 空卽是法

즉시법명여래니라 卽是法明如來

선남자야 차육근이 현현호되 인개구상설기선 善男子 此六根 顯現 人皆口常說其善

어하여 선법상전하며 즉성성도나 설기사어하여 악 善男子 善法常轉 卽成聖道 說其邪語 惡

법상전하면 즉타지옥하나니 선남자야 선악지리를 法常轉 卽墮地獄 善男子 善惡之理

부득불신가 선남자야 인지신심이 시불법기며
不得不信 善男子 人之身心 是佛法器
역시십이부대경권야어늘 무시이래로 전독부진
亦是十二部大經券也 無始已來 轉讀不盡
하여 불손호모하나니 여래장경은 유식심견성자
不損毫毛 如來藏經 唯識心見性者
지소능지요 비제성문범부의 소능지야니라 선남
之所能知 非諸聲聞凡夫 所能知也 善男
자야 독송차경하여 심해진리하면 즉지신심이 시
子 讀誦此經 深解眞理 卽知身心 是
불법기어니와 약취미불성하면 불요자심이 시불법
佛法器 若醉迷不醒 不了自心 是佛法

근본하고 유랑제취하여 타어악도하고 영침고해
根本 流浪諸趣 墮於惡道 永沈苦海
하여 불문불법명자하리라
不聞佛法名字

이시에 오백천자가 재대중중하여 문불소설하고
爾時 五百天子 在大衆中 聞佛所說

득법안정하여 개대환희하며 즉발무등등아뇩다
得法眼淨 皆大歡喜 卽發無等等阿耨多

라삼먁삼보리심하니라
羅三藐三菩提心

무애보살이 부백불언하사대 세존이시여 인지재
無碍菩薩 復白佛言 世尊 人之在

세에 **생사위중**이나 세생사위중 生死爲重

생불택일하고 生不擇日 時至卽生

시지즉생하고

사불택일하고 死不擇日 時至卽死

시지즉사어늘 何因殯葬

하인빈장하여 卽問

즉문

양신길일하고 良辰吉日 然始殯葬 殯葬之後 還有妨

연시빈장하되

빈장지후에

환유방해하며

빈궁자다하고 貧窮者多 滅門者不少 唯願世尊

멸문자불소니까

유원세존

이시여 爲諸邪見無知衆生 說其因緣 令得

위제사견무지중생하사

설기인연하사

영득

정견하고 正見 除其顚倒

제기전도하소서

불언선재선재라 선남자야 여실심능문어중생의 생사지사와 빈장지법하고 여등제청하라 당위여설지혜지리와 대도지법하리라 부천지광대청하며 일월광장명하며 시년선선미하여 실무유이니라 선남자야 인왕보살이 심대자비하여 민념중생하되 개여적자하며

佛言善哉善哉 善男子 汝實甚能問於衆生의 生死之事 殯葬之法 汝等諦聽 當爲汝說智慧之理 大道之法 夫天地廣大淸 日月廣長明 時年善善美 實無有異 善男子 人王菩薩 甚大慈悲 愍念衆生 皆如赤子 下爲人主 作民父母

순어속인하여 順於俗人 **교민속법**하며 敎民俗法 **유작역일**하여 遺作曆日 **반하**
천하하여 天下 **영지시절**이어늘 爲有滿平成收開除之字 **위유만평성수개제지자**
와 집위파살지문이라 執危破殺之文 **우인**은 愚人 **의자신용**하여 依字信用 **무불**
면기흉화하며 免其凶禍 **우사사**로 又使邪師 **압진설시도비**하여 壓鎭說是道非 **만**
구사신하며 求邪神 **배아귀**하여 拜餓鬼 **각초앙자수고**하나니 却招殃自受苦 **여시**
인배는 人輩 **반천시**하고 反天時 **역지리**하여 逆地理 **배일월지광명**하고 背日月之光明

28

상투암실하며 위정도지광로하여 항심사경이라 전
常投暗室 違正道之廣路 恒尋邪逕 顚
도지심야니라 선남자야 산시에 독송차경삼편하면
倒之甚也 善男子 産時 讀誦此經三遍
아즉이생하고 심대길리하며 총명이지하고 복덕구
兒則易生 甚大吉利 聰明利智 福德具
족하며 이부중요하나니라 사시에 독송차경삼편하면
足 而不中夭 死時 讀誦此經三遍
일무방해하고 득복무량하리라
一無妨害 得福無量
선남자야 일일호일이며 월월호월이며 연년호년
善男子 日日好日 月月好月 年年好年

이며 **실무간격**이니 實無間隔 **단판즉수빈장**하고 但辦卽須殯葬 **빈장지일**에 殯葬之日

독송차경칠편하면 讀誦此經七遍 甚大吉利 **심대길리**하여 獲福無量 **획복무량**하고 **문**

영인귀하고 榮人貴 延年益壽 **연년익수**하며 命終之日 **명종지일**에 並得成聖 **병득성성**

하리라

선남자야 善男子 **빈장지지**에 殯葬之地 莫問東西南北安穩之處 **막문동서남북안온지처**

니 人之愛樂 **인지애요**는 鬼神愛樂 **귀신애락**이라 卽讀此經三遍 **즉독차경삼편**하고

변이수영하며 便以修營 안치묘전하면 安置墓田 영무재장하고 永無災障 가부인흥하여 人興 심대길리하리라 甚大吉利

이시에 세존이 爾時 世尊 욕중선차의하사 欲重宣此義 이설게언하사대 而說偈言

영생선선일이며 營生善善日 휴빈호호시라 休殯好好時

생사독송경하면 生死讀誦經 심득대길리니라 甚得大吉利

월월선명월이요 月月善明月 연년대호년이라 年年大好年

독경즉빈장하면 영화만대창이니라
讀經卽殯葬 榮華萬代昌

이시중중에 칠만칠천인이 문불소설하고 심개
爾時衆中 七萬七千人 聞佛所說 心開

의해하여 사사귀정하며 득불법분하고 영단의혹하고
意解 捨邪歸正 得佛法分 永斷疑惑

개발아뇩다라삼먁삼보리심하니라 무애보살이 부
皆發阿耨多羅三藐三菩提心 無碍菩薩 復

백불언하사대 세존이시여 일체범부가 개이혼구로
白佛言 世尊 一切凡夫 皆以婚媾

위친하되 선문상의하고 후취길일하여 연시성친이나
爲親 先問相宜 後取吉日 然始成親

성친지후에 부귀해로자소하고 빈궁생리사별자
成親之後 富貴偕老者少 貧窮生離死別者
다 하니 일종신사로 여하이유차별이닛고 유원세존
多 一種信邪 如何而有差別 唯願世尊

이시여 위결중의하소서
爲決衆疑

불언하사대 선남자야 여등제청하라 당위여설하
佛言 善男子 汝等諦聽 當爲汝說

리라 부천양지음하며 월음일양하며 수음화양하며
夫天陽地陰 月陰日陽 水陰火陽

남양여음이니 천지기합하여 일체초목이 생언하고
男陽女陰 天地氣合 一切草木 生焉

일월이 **교운**하여 **사시팔절**이 **명언**하고 **수화상승**하여
日月 交運 四時八節 明焉 水火相承

일체만물이 **숙언**하고 **남녀윤해**하여 **자손**이
一切萬物 熟焉 男女允諧 子孫

흥언하나니 **개시천지상도**요 **자연지리**며 **세제지**
興焉 皆是天地常道 自然之理 世諦之

법이니라
法

선남자야 **우인**은 **무지**하여 **신기사사**하며 **복문**
善男子 愚人 無智 信其邪師 卜問

망길하여 **이불수선**하고 **조종종악업**이라가 **명종지**
望吉 而不修善 造種種惡業 命終之

후에 부득인신자는 여지갑상토하고 타어지옥 後復得人身者 如指甲上土 墮於地獄

하여 작아귀축생자는 여대지토니라 선남자야 부
作餓鬼畜生者 如大地土 善男子 復

득인신하여 정신수선자는 여대지갑상토하고 선사
得人身 正信修善者 如指甲上土 信邪

조악업자는 여대지토니라 선남자야 욕결혼친인댄
造惡業者 如大地土 善男子 欲結婚親

막문수화상극과 포태상압과 연명부동하고 유간
莫問水火相剋 胞胎相壓 年命不同 唯看

녹명서하여 즉지복덕다소하여 이위권속하고 호영
祿命書 卽知福德多少 以爲眷屬 呼迎

지일에 **즉독차경삼편**하여 이이성례하면 차내선지일 즉독차경삼편 이이성례 차내선之日 即讀此經三遍 而以成禮 此乃善

선상잉하고 **명명상속**하여 **문고인귀**하며 **자손흥성**善相仍 明明相屬 門高人貴 子孫興盛

하며 **총명이지**하고 **다재다예**하며 **효경상승**하고 甚聰明利智 多才多藝 孝敬相承 甚

대길리하여 **이부중요**하며 **복덕구족**하고 **개성불도**大吉利 而不中夭 福德具足 皆成佛道

하리라

시에 **유팔보살**하니 **승불위신**하여 **득대총지**하며時 有八菩薩 承佛威信 得大總持

상처인간하여 화광동진하고 파사입정하며 도사생
常處人間 和光同塵 破邪立正 度四生

처팔해하되 而不自異하니 기명왈발타라보살누진
處八解 其名曰跋陀羅菩薩漏盡

화며 나린갈보살누진화며 교목도보살누진화며
和 羅隣竭菩薩漏盡和 憍目兜菩薩漏盡和

나라달보살누진화며 수미심보살누진화며 인저
那羅達菩薩漏盡和 須彌深菩薩漏盡和 因抵

달보살누진화며 화륜조보살누진화며 무연관보
達菩薩漏盡和 和輪調菩薩漏盡和 無緣觀菩

살누진화니라
薩漏盡和

37

시에 **팔보살**이 **구백불언**하사대 **세존**하 **아등**이
是 八菩薩 俱白佛言 世尊 我等

어제불소에 **수득다라니신주**하오니 **이금설지**하여
於諸佛所 受得陀羅尼神呪 而今說之

옹호수지독송천지팔양경자하여 **영무공포**케하며
擁護受持讀誦天地八陽經者 永無恐怖

사일체불선지물로 **부득침손독경법사**케하리니라
使一切不善之物 不得侵損讀經法師

즉 어불전에 **이설주왈**
卽 於佛前 而說呪曰

아거니 이거니 아비라 만례만다례
阿去尼 尼去尼 阿毘羅 曼隷曼多隷

세존하 **약유불선자**가 **욕래뇌법사**라도 **문아설**
世尊 若有不善子 欲來惱法師 聞我說

차주하면 **두파작칠분**하여 **여아리수지**이니이다
此呪 頭破作七分 如阿梨樹枝

이시에 **무변신보살**이 **즉종좌기**하여 **전백불언**
爾時 無邊身菩薩 卽從座起 前白佛言

하사대 **세존**이시여 **운하명위천지팔양경**이닛고 **유원**
世尊 云何名爲天地八陽經 惟願

세존은 **위제청중**하여 **해설기의**하사 **영득각오**하여
世尊 爲諸聽衆 解說其義 令得覺悟

속달심본하고 **입불지견**하여 **영단의회** 케하소서 **불언**
速達心本 入佛知見 永斷疑悔 佛言

하사대 **선재선재**라 **선남자**야 **여등**은 **제청**하라 오금
善哉善哉 善男子 汝等 諦聽 吾今

위여하여 **분별해설천지팔양지경**하리라 **천자**는 **양**
爲汝 分別解說天地八陽之經 天者 陽

야요 **지자**는 **음야**며 **팔자**는 **분별야**요 **양자**는 **명해**
也 地者 陰也 八者 分別也 陽者 明解

야니 **명해대승무위지리**하여 **요능분별팔식인연**
也 明解大乘無爲之理 了能分別八識因緣

이니 **공무소득**이니라 **우운팔식**은 **위경**하고 **양명**은 **위**
空無所得 又云八識 爲經 陽明 爲

위니 **경위상투**하여 **이성경교**라 고로 **명팔양경**이
緯 經緯相投 以成經敎 故 名八陽經

니라

팔자는 **시팔식**이니 육근이 **시육식**이요
八者 是八識 六根 是六識 含藏識

아뢰야식이 **시명팔식**이니라 **명료분별팔식근원**이
阿賴耶識 是名八識 明了分別八識根源

공무소유하면 **즉지양안**은 **시광명천**이니 **광명천**
空無所有 卽知兩眼 是光明天 光明天

중에 **즉현일월광명세존**이요 **양이**는 **시성문천**이니
中 卽現日月光明世尊 兩耳 是聲聞天

성문천중에 **즉현무량성여래**며 **양비**는 **시불향**
卽現無量聲如來 兩鼻 是佛香

聲聞天中

천이니 불향천중에 즉현향적여래며 구설은 시법
天佛香天中 卽現香積如來 口舌是法

미천이니 법미천중에 즉현법희여래며 신은 시노
味天法味天中 卽現法喜如來 身是盧

사나천이니 노사나천중에 즉현성취노사나불과
舍那天 盧舍那天中 卽現成就盧舍那佛

노사나경상불과 노사나광명불이며 의는 시무분
盧舍那鏡像佛 盧舍那光明佛 意是無分

별천이니 무분별천중에 즉현부동여래대광명불
別天 無分別天中 卽現不動如來大光明佛

이며 심은 시법계천이니 법계천중에 즉현공왕여
心是法界天 法界天中 卽現空王如

래며 **함장식천**에 **연출아나함경**과 **대반열반경**이며
來 含藏識天 演出阿那含經 大般涅槃經

아뢰야식천에 **연출대지도론경**과 **유가론경**이니라
阿賴耶識天 演出大智度論經 瑜伽論經

선남자야 **불즉시법**이며 **법즉시불**이니 합위
善男子 佛卽是法 法卽是佛 合爲

일상하여 **즉현대통지승여래**니라
一相 卽現大通智勝如來

불설차경시에 **일체대지**가 **육종진동**하고 **광조**
佛說此經時 一切大地 六種震動 光照

천지하여 **호호탕탕**하여 **이무소명**이
天地 浩浩蕩蕩 而無所名

무유변제하고
無有邊際

라 일체유명은 개실명랑하고 일체지옥은 병개
一切幽冥　皆悉明朗　一切地獄　並皆

소멸하며 일체죄인은 구득이고니라
消滅　一切罪人　俱得離苦

이시에 대중지중에 팔만팔천보살이 일시성불
爾時　大衆之中　八萬八千菩薩　一時成佛

하니 호왈공왕여래응정등각이라 겁명은 이구요
號曰空王如來應正等覺　劫名離垢

국호는 무변이니 일체인민이 개행보살육바라밀
國號無邊　一切人民　皆行菩薩六波羅蜜

하되 무유피차하며 증무쟁삼매하여 체무소득하고
無有彼此　證無諍三昧　逮無所得

육만육천비구비구니와 우바새 우바이는 득대
六萬六千比丘比丘尼 優婆塞 優婆夷 得大

총지하여 입불이법문하고 무수천룡야차와 건달
總持 入不二法門 無數天龍夜叉 乾闥

바와 아수라와 가루라와 긴나라와 마후라가와 인
婆 阿修羅 迦樓羅 緊那羅 摩睺羅伽 人

비인등은 득법안정하여 행보살도하니라
非人等 得法眼淨 行菩薩道

선남자야 약부유인이 득관등위지일과 급신
善男子 若復有人 得官登位之日 及新

입택지시에 잠독차경삼편하면 심대길리하여 선
入宅之時 暫讀此經三遍 甚大吉利 善

신이 **가호**하고 **연년익수**하여 **복덕구족**하나니 **선남자야 약독차경일편**하면 **여독일체경일편**이요 **약사일권**하면 **여사일체경일부**라 **기공덕**은 **불가칭불가량**하며 **등허공**하여 **무유변제**하야 **성성도과**니라

神加護 延年益壽 福德具足 善男子 若讀此經一遍 如讀一切經一遍 若寫一卷 如寫一切經一部 其功德 不可稱不可量 等虛空 無有邊際 成聖道果

부차무변신보살마하살이여 **약유중생**이 **불신정법**하여 **상생사견**이라가 **홀문차경**하고 **즉생비방**

復次無邊身菩薩摩訶薩 若有衆生 不信正法 常生邪見 忽聞此經 卽生誹謗

하되 **언비불설**하면 **시인**은 **현세**에 **득백나병**하여 **악**
言非佛說 是人 現世 得白癩病

창농혈이 **변체교류**하며 **성조취예**를 **인개증질**타가
瘡膿血 遍體交流 腥臊臭穢 人皆憎嫉

명종지일에 **즉타아비무간지옥**하여 **상화철하**하고
命終之日 卽墮阿鼻無間地獄 上火徹下

하화철상하며 **철창철차**는 **변체천혈**하며 **융동관**
下火徹上 鐵槍鐵叉 遍體穿穴 融銅灌

구에 **근골**이 **난괴**하여 **일일일야**에 **만사만생**으로
口 筋骨 爛壞 一日一夜 萬死萬生

수대고통하여 **무유휴식**이니 **방사경고**로 **획죄여**
受大苦痛 無有休息 謗斯經故 獲罪如

시니라

불위죄인하여 이설게언하시고
佛爲罪人 而說偈言

신시자연신이요 오체자연족이며
身是自然身 五體自然足

장내자연장이요 노즉자연로며
長乃自然長 老則自然老

생내자연생이요 사즉자연사라
生乃自然生 死則自然死

구장부득장이요 구단부득단이니라
求長不得長 求短不得短

고락여자당하고 **사정유여이**라
苦樂汝自當 邪正由汝已

욕작유위공인댄 **독경막문사**하라
欲作有爲功 讀經莫問師

천천만만세에 **득도전법륜**하니라
千千萬萬歲 得道轉法輪

불설차경이 하시니 **일체대중**이 **득미증유**하여 심
佛說此經已 一切大衆 得未曾有 心

명의정에 **환희용약**하며 **개견제상비상**하고 **입불**
明意淨 歡喜踊躍 皆見諸相非相 入佛

지견하고 **오불지견**하여 **무입무오**하고 **무지무견**하여
知見 悟佛知見 無入無悟 無知無見

49

부득일법이 즉열반락하니라
不得一法 卽涅槃樂

천지팔양신주경 종
天地八陽神呪經 終

한글 천지팔양신주경

무비스님

 이렇게 법문하시는 것을 들었습니다.
한 때 부처님께서 비야달마성의 조용한 곳에 계시었습니다. 시방에서 따라 다니던 사부대중이 부처님을 모시고 빙둘러 앉았습니다. 이때 무애보살이 대중 가운데 있다가 곧 자리에서 일어나 부처님을 향하여 합장하고 부처님께 여쭈었습니다.
 "세존이시여, 이 염부제 중생들이 대를 이어 서로 번갈아가며 출생하기를 옛적부터 지금까지 계속하여 끊이지 아니하였으나 유식한 이는 적고 무식한 이가 많으며, 염불하는 이는 적고 잡신에게 구하는 이가 많으며, 계행을 지키는 이는 적고 계행을 어기는 이가 많으며, 꾸준히 정진하는 이는 적고 게으른 이가 많으며, 지혜있는 이는 적고 어리석은 이가 많으며, 장수하는 이는 적고 단명하는 이가 많으며, 선정을 닦는 이는 적고 마음이 산란한 이가 많으며, 부귀한 이는 적고 빈천한 이가 많으며, 온유한 이는 적고 뻗대는 이가 많으며, 홍성하는 이는 적고 외로운 이가 많으며, 정직한 이는 적고 아첨하는 이가 많으며, 청렴하고 삼가하는 이는 적고 탐내고 흐릿한 이가 많으며, 보시하는 이는 적고 인색한 이가 많으며, 미덥고 진실한 이는 적고 허망하고 거짓된 이가 많으며, 이 세상은 천박하고 관리들은 혹독하며, 부역이 심하여 백성들은 궁핍하고 생활이 어려워서 구하는 바가 얻기 어려운 것은 진실로 사도를 믿고 소견이 잘못되었기 때문에 이와 같은 고통을 받는 듯 하옵니다.

 바라옵건대 세존께서는 모든 소견이 잘못된 중생들을 위하여 올바른 법문을 말씀하시어 이들로 하여금 잘못된 것을 깨닫고 모두 고통을 벗어나게 해 주시옵소서."

 부처님께서 말씀하셨습니다.

 "착하고 착하구나. 무애보살아, 그대는 대자비로 그릇된 모든 중생들을 위하여 여래의 불가사의한 올바른 법을 물으니 너희들은 자세히 듣고 깊이 생각하여라.

 내가 너희들을 위하여 <천지팔양경>을 분별하여 설명하리라.

 이 경은 과거의 모든 부처님께서도 말씀하셨고, 미래의 모든 부처님께서도 마땅히 말씀하실 것이며, 현재 계신 모든 부처님들도 말씀하시리라.

 이 하늘과 땅 사이에는 사람이 가장 수승하여 모든 만물 가운데서 가장 귀중하나니 사람이란 것은 바르고 참된 것이니라. 마음에는 허망함이 없고 몸은 바르고 참된 것을 행해야 하느니라. 왼쪽으로 삐친 획은 바름을 의미하며 오른쪽으로 그은 획은 참됨을 의미한다. 항상 바르고 참된 것을 행하므로 이름하여 사람(진인)이라 하느니라. 그러므로 사람은 능히 도를 넓히고, 도는 몸을 윤택하게 하나니, 도에 의지하고 사람(선지식)에 의지하면 모두 성인의 도를 이루나니라.

팔양경의 공덕과 위신력

또 무애보살아, 모든 중생이 이미 사람의 몸을 얻었으면서 능히 복을 닦지 못하고 참됨을 등지고 거짓을 향해서 여러 가지 나쁜 업만을 짓다가 장차 수명이 다할 때 고통바다에 빠져서 여러가지 죄보를 받게 되나니, 만일 이 경의 말씀을 듣고 믿는 마음으로 거역하지 아니하면 곧 모든 죄업에서 벗어나고 고생바다에서 뛰어나오게 되며, 선신의 보호를 받아서 모든 장애가 없어지고 장수하게 되어 횡액과 일찍 죽는 일이 없어질 것이니 믿는 힘만으로도 이와 같은 복을 받는 것인데, 하물며 어떤 사람이 이 경을 전부 쓰거나 받아서 지니거나 읽고 외워서 법답게 수행하면 그 공덕은 이루 말할 수 없고 헤아릴 수 없나니 목숨을 마친 뒤에는 모두 부처를 이루게 되느니라."

부처님께서 무애보살마하살에게 말씀하셨습니다.

"만일 어떤 중생이 사도를 믿고 소견이 잘못되면 곧 마귀와 외도와 온갖 도깨비와 괴상한 새의 울음과 온갖 괴물과 악한 귀신이 다투어 쫓아와서 어지럽게 괴롭히며 횡악의 병을 주어 나쁜 종기나 전염병 등으로 쉴 새 없이 고통을 받게 될 것이니 선지식을 만나서 이 경을 세 번만 읽어 주면 이 모든 나쁜 귀신들은 모두 소멸되고 병이 나을 것이며, 몸이 건

강해져서 기운이 솟을 것이니 이 경을 읽은 공덕으로 이같은 복을 얻게 되느니라.

 만일 어떤 중생이 음욕에 휩싸이고 노여워하거나 어리석고 탐욕스럽고 질투하는 마음이 많더라도 이 경전을 보고 믿고 신심으로 공경하고 공양하여 세 번만 읽으면 어리석음 등의 모든 악이 다 없어지고 자비를 베풀게 되므로 불법의 복을 얻게 되리라.

 또한 무애보살아, 만일 선남자 선여인이 모든 일을 행함에 있어, 먼저 이 경을 세 번 읽고 나서 담을 쌓거나 터를 다지거나, 집을 짓거나 안채나 바깥채나 동서의 행랑이나 부엌과 객실을 중수하거나 문을 내고 우물을 파거나 아궁이를 고치고 방아를 놓고 곳간을 짓고 짐승의 우리와 뒷간을 세우더라도 일유신과 월살귀와 장군태세와 황번표미와 오방의 토지신과 청룡백호와 주작 현무와 육갑금휘와 십이제신과 토위복룡과 일체귀매 등이 모두 숨

거나 멀리 다른 곳으로 도망가며 형상과 그림자까지도 소멸되어 감히 해치지 못할 것이며 모든 일이 대길해져서 한량없는 복을 얻게 되느니라.

 선남자야, 공을 세운 뒤에는 집안이 편안하고 가옥이 견고하며 부귀영화를 구하지 아니하여도 저절로 이루어지며, 만일 멀리 가거나 군에 입대하거나 벼슬을 구하거나 장사를 하여도 이익을 많이 얻고, 가문이 흥해져서 사람을 귀히 여기며, 백자천손에 아비는 사랑하고 자식은 효도하고 남자는 충성하고 여자는 정결하고 형은 우애롭고 아우는 공순하며 부부는 화목하고 친척간에는 신의가 두터워서 소원성취가 이루어질 것이다.

 만일 어떤 중생이 갑자기 옥중에 감금되거나 도적에게 붙잡혔더라도 이 경을 잠깐 세 번만 읽으면 즉시 풀려나게 되느니라.

 만일 선남자 선여인이 이 천지팔양경을 받아

지니거나 읽고 외우거나 다른 사람을 위하여 쓴 사람은 설사 불과 물에 들어가더라도 타거나 떠내려가지 않을 것이며 혹시 험한 산속에 가더라도 호랑이나 이리가 자취를 감추고 감히 할퀴거나 물지 못하게 선신이 호위해서 무상도를 이루게 하나니라.

 또 어떤 사람이 거짓말과 발림말과 욕설과 이간질하는 말을 많이 하더라도 능히 이 경을 받아지녀 읽고 외우면 네 가지 허물이 모두 없어지고 네 가지 걸림없는 변재를 얻어서 불도를 이룰 것이다.

 만일 선남자 선여인의 부모가 죄를 짓고 죽어서 지옥에 떨어져서 수많은 고통을 받게 되더라도 그 자식이 이 경을 일곱 번만 읽으면 그 부모가 곧 지옥에서 풀려나서 천상에 태어날 것이며 부처님을 뵙고 법문을 듣고 불생불멸의 법을 깨달아서 불도를 성취할 것이니라."

부처님께서 무애보살에게 말씀하셨습니다.

"비바시 부처님때에 우바새 우바이가 사교를 믿지 않고 불법을 숭상하며 이 경을 쓰고 배우고 지니고 외우며 할 일을 다하면서도 한번도 의심없이 바른 믿음으로 보시를 행하고 평등하게 공양하고 정결한 몸을 얻어서 부처를 이루었으니 그 이름이 보광여래응정등각이라 하였다. 그 겁명은 대만이요 국호는 무변이며 백성들이 다만 보살도를 행하였을 뿐이며 얻은 법은 없었느니라.

또 무애보살아, 이 천지팔양경이 염부주에서 행해지면 곳곳마다 팔보살과 모든 범천왕과 온갖 밝은 신명들이 이 경을 둘러싸고 향과 꽃으로 공양하기를 부처님과 같이 하느니라."

대승의 지혜관

부처님이 무애보살마하살에게 말씀하셨습니다.

"만일 선남자 선여인이 모든 중생을 위하여 이 경을 강론하여 실상을 통달하고 깊은 이치를 얻으면 이 몸과 마음이 곧 부처님의 몸이요 그 마음이 바로 불법의 마음임을 알 것이다. 이러한 까닭을 능히 아는 것이 곧 지혜인 것이니 눈으로는 항상 온갖 색을 보거든 색이 곧 공이요, 공이 곧 색이라 수상 행식도 또한 공하나니 이는 곧 묘색신여래며, 귀로는 항상 온갖 소리를 듣거든 소리가 곧 공이요, 공이 곧 소리이니 이는 곧 묘음성여래며, 코로는 항상 온갖 냄새를 맡거든 냄새가 곧 공이요, 공이 곧 냄새이니 이는 곧 향적여래며, 혀로는 항상 온갖 맛을 보거든 맛이 곧 공이요, 공이 곧 맛이니 이는 곧 법희여래며, 몸으로는 항상 온갖 감촉을 느끼거든 감촉이 곧 공이요, 공이 곧 감촉이니 이는 곧 지승여래며, 뜻으로는 항상 온갖 법을 생각하며 분별하거든 법이 곧 공이요, 공이 곧 법이니 이는 곧 법명여래니라.

 선남자야, 이 육근이 뚜렷하게 나타나되 사람들이 모두 입으로 항상 착한 말을 설하여 항상 착한 법을 행하면 곧 성인의 도를 이룰 것이나 나쁜 말을 설하여 항상 나쁜 법을 행하면 곧 지옥에 떨어지나니 선남자야, 선하고 나쁜 이치를 믿어야 하느니라.

 선남자야, 사람의 몸과 마음이 불법의 그릇이며 또한 십이부의 큰 경전이거늘 아득한 옛적부터 현재까지 읽었으나 다 읽지 못하였으며, 터럭만치도 건드리지 못하였으니 이 여래장경은 오직 마음을 알고 성품을 본 사람만이 능히 알 것이며, 모든 성문이나 범부들은 능히 알지 못하느니라.

 선남자야, 이 경을 읽고 외워서 진리를 깊이 알게 되면 곧 몸과 마음이 불법의 그릇임을 알지만 만일 술에 취해서 깨지 못하면 자기의 마음이 불법의 근본임을 알지 못하고 육취중

생계를 방황하면서 나쁜 길에 떨어져 영원히 고통의 바다에 빠지게 되어 불법의 이름도 듣지 못하느니라."

 이 때에 대중 가운데 있던 오백천자가 부처님의 말씀을 듣고 법안이 밝아짐을 얻고 모두 대단히 즐거워하면서 그 즉시로 무등등 아뇩다라삼먁삼보리심을 일으켰습니다.

 세간의 생사영위법문
 무애보살이 또 부처님께 여쭈었습니다.
 "세존이시여, 사람이 이 세상에 살아가는 동안에 낳고 죽는 것이 소중하거늘 태어날 때 택일을 하지 않고 때가 되면 태어나고, 죽을 때에도 택일을 하지 않고 때가 되면 곧 죽는데, 어찌하여 초빈하거나 장사지낼 때에는 길일을 택해서 이렇게 초빈하고 장사를 지내면서도 그렇게 한 뒤에는 오히려 해가 되어 가난한 사람이 많고 가문이 멸망하는 일까지 또

한 적지 아니하오니 원하옵건대 세존이시여, 모든 그릇된 소견의 무지한 중생을 위하여 그 인연을 말씀하시어 올바른 소견을 가지고 그 뒤바뀐 소견을 없게 하여 주시옵소서."

부처님께서 말씀하시었습니다.

"착하고 착하다. 선남자야, 너희가 실로 심오한 중생들의 낳고 죽는 일과 초빈과 장사지내는 법을 능히 물으니 자세히 들으라.

마땅히 너희들을 위하여 지혜로운 이치와 대도의 법을 말하리라.

대저 하늘과 땅은 넓고 깨끗하며 해와 달은 항상 밝아서 어느 해나 어느 시간이나 갸륵하고 훌륭하고 아름답기만 하느니라.

선남자야, 인왕보살이 매우 자비하여 중생들을 불쌍히 여기시기를 아이처럼 여겨서 사람들의 임금이 백성들의 부모가 되었을 때 세속 사람들과 더불어 살며 사람들에게 세속법을 가르쳤다. 그리고 책력을 만들어서 천하에 반

포하여 절후를 알게 하였다. 만·평·성·수·개·제·집·위·파·살이란 열 개의 글자가 있어서, 어리석은 사람들은 글자대로만 믿으면 흉화를 면하는 줄로만 알고 있으며, 또는 사도를 하는 사람들은 이것을 부연해서 옳고 그름을 부질없이 사신에게 구하고, 아귀에게 절을 함으로써 도리어 재앙을 초래하여 스스로 고통을 받느니라. 이와 같은 사람들은 천시를 위반하고 지리를 거역하며 해와 달의 광명을 등지고 항상 어두운 곳에 빠져 있으며 바른 길인 넓은 길을 버리고 항상 잘못된 길을 찾는 것이니 잘못된 소견이 심한 것이니라.

　선남자야, 아이를 낳으려 할 때 이 경을 세 번만 독송하면 아이를 순산하고 크게 길할 것이며, 총명하고 영리하고 지혜롭고 복덕이 풍성하며, 일찍 죽지 않느니라. 죽을 때에도 이 경을 세 번만 독송하면 조금도 방해됨이 없고 한량없는 복을 얻느니라.

선남자야, 날마다 좋은 날이며 달마다 좋은 달이며 해마다 좋은 해도다. 진실로 막힐 것이 없으니 준비만 되어 있으면 어느 때나 초빈하고 장사를 지내고, 초빈과 장사를 지내는 날에 이 경을 일곱 번만 독송하면 크게 길하고 이로워서 한량없는 복을 얻을 것이며 가문이 영화롭고 사람이 귀하게 되며 수명이 길어져 장수하고 임종할 때에는 아울러 성인이 될 것이니라.

선남자야, 초빈과 장사를 지내는 곳에 동서남북의 안온한 자리를 묻지 말라. 사람이 좋아하는 곳이면 귀신도 좋아하고 즐거워하나니라. 이 경을 세 번만 읽고 바로 묘자리를 보고 안치하면 영원히 재앙이 없어지고 집이 부유해지며 사람이 번성해져 크게 길하고 이로울 것이다."

이 때에 세존께서 이 뜻을 거듭 펴고자 게송으로 말씀하셨습니다.

"삶을 영위할 때가 좋은 날이며
죽어 장사지내는 그 날마저 좋은 때이니
낳고 죽을 때에 이 경을 독송하면
크게 길함을 얻으리라
달마다 좋은 달이요
해마다 좋은 해도다
이 경을 세 번 읽고 장사 지내면
천추만대에 영화롭고 창성하리라."

이 때에 대중 가운데 칠만칠천인이 부처님의 말씀을 듣고 마음이 열리고 뜻이 트여 사도를 버리고 바른 데로 돌아와서 불법을 얻어지녀 의혹을 영원히 끊어버리고 모두 아뇩다라삼먁삼보리심을 일으켰습니다.

결혼에 대하여
무애보살이 다시 부처님께 여쭈었습니다.
"세존이시여, 모든 남녀들이 결혼할 때에먼

저 서로가 결혼하여도 좋은지를 물은 다음에 길일을 택해서 결혼함으로써 비로소 부부가 되어 가정을 이룹니다. 그러나 결혼한 다음에 부귀하여 해로하는 이는 적고 빈궁하게 살다가 이별하거나 사별하는 이가 많나이다. 삿된 말을 믿기는 똑같거늘 어찌하여 이러한 차별이 있습니까? 원컨대 세존이시여, 대중의 의문을 풀어 주시옵소서."

부처님께서 말씀하셨습니다.

"선남자야, 너희들은 자세히 들어라. 마땅히 너희를 위하여 설명하리라.

하늘은 양이요 땅은 음이며, 해는 양이요 달은 음이며, 불은 양이요 물은 음이며, 남자는 양이요 여자는 음이니, 하늘과 땅의 기운이 합하여 온갖 초목이 생기고, 해와 달이 서로 교운하여 사시와 팔절이 분명하고, 물과 불이 서로 순수하여서 온갖 만물이 성숙하며, 남녀가 서로 화해서 자손이 생기나니 이는 다 천지의 떳떳한 도로 자연의 이치며 세상의 법이 니라.

 선남자야, 어리석은 사람은 지견이 없어서 사도하는 사람을 믿어 점치고 굿을 하여 길함을 바라면서 착한 것은 닦지 않고 여러가지 나쁜 짓만 하다가 죽은 후에 다시 사람으로 태어나는 사람은 마치 손톱 위에 붙은 흙과 같이 적고 지옥에 떨어져서 아귀가 되거나 축생으로 생겨나는 이는 대지의 흙과 같이 많으니라.

 선남자야, 다시 사람으로 태어난 이들 중에도 바른 일을 믿고 선을 닦는 이는 손톱 위에 붙은 흙과 같으나 나쁜 도를 믿어 나쁜 짓을 하는 이는 대지의 흙과 같으니라.

 선남자야, 혼인을 하려고 할 때에도 수화상극과 포태상압과 나이와 명이 맞지 않음을 묻지 말고 다만 녹명서를 보아서 곧 복덕의 많고 적음을 알 수 있는 것이니 그것으로 권속을 삼아라. 친영하는 날에는 이 경을 세 번 읽어서 성례하면 바르고 좋은 일만이 항상 지속되고 광명이 서로 이어져 가문은 높아지고 사람이 귀하게 되며 자손이 창성하되 총명하고 지혜롭고 영리하여 재주와 예술이 많으며 효도와 공경이 대대로 이어져서 크게 길하고 이로울 것이요, 명이 짧아서 요절하는 일이 없으며, 복덕이 풍성해서 모두 불도를 이루리라."

이 때에 여덟 보살이 부처님의 위신력을 받아서 대총지를 얻고도 항상 인간 세상에 처해서 부처님의 위력으로 인간 세상과 함께 사도를 깨트리고 정도를 세워 사생을 제도하고 항상 팔해탈에 있으면서도 스스로를 달리하지 않았습니다. 그 이름이 발타라보살누진화, 나린갈보살누진화, 교목도보살누진화, 나라달보살누진화, 수미심보살누진화, 인저달보살누진화, 화륜조보살누진화, 무연관보살누진화입니다. 이 여덟 보살이 동시에 부처님께 여쭈었습니다.

"세존이시여, 저희들이 여러 부처님 처소에서 받은 다라니신주를 이제 발하여서 천지팔양경을 받아 지니고 읽고 외우는 사람들을 보호해서 공포가 영원히 없게 하겠으며 온갖 나쁜 것들로 하여금 이 독경 법사를 침해하지 못하도록 하겠나이다."

그리고 곧 부처님 앞에서 주문을 외웠습니다.

'아거니 니거니 아비라 만례만다례.'

"세존이시여, 만일 나쁜 자가 쫓아와서 법사를 괴롭히려 하면 나의 이 주문을 듣고는 머리가 일곱 쪽으로 깨어져서 아리수 나무가지와 같이 되게 하겠나이다."

팔양경 명칭에 대하여

이 때에 무변신보살이 자리에서 일어나 앞으

로 나가 부처님께 여쭈었습니다.

"세존이시여, 어찌하여 이름을 천지팔양경이라 하옵니까?

세존이시여, 원하옵건대 세존께서는 모든 대중을 위하여 그 뜻을 알려주시어 깨달음을 얻게 하여 속히 마음의 근본을 통달하고 불지견에 들어가서 의심을 영원히 끊게 하여 주옵소서."

부처님께서 말씀하셨습니다.

"착하고 착하도다. 선남자야, 너희들은 자세히 들으라. 내가 이제 너희들을 위해 천지팔양경의 뜻을 분별하여 설명하리라.

하늘(天)은 양이요, 땅(地)은 음이며, 팔(八)은 분별이요, 양(陽)은 분명히 안다는 것이니, 대승의 하염없는 이치를 바르게 헤아려 알아서 팔식인연이 공하여 얻을 것이 없음을 잘 분별하는 뜻이니라.

또 팔식(八識)은 날이 되고 양명(陽明)은

씨가 되어 날과 씨가 서로 맺어 경전을 이룸으로 팔양경이라고 하느니라.

 팔은 팔식이니 육근인 육식과 함장식과 아뢰야식을 이름하여 팔식이라 하느니라. 팔식의 근원을 분명하게 분별하면 아무 것도 없이 공한 것이니 그러므로 두 눈이 곧 광명천이니 광명천 가운데에 곧 일월광명세존을 나타낸 것이며, 두 귀는 성문천이니 성문천 가운데에 곧 무량성여래를 나타낸 것이며, 코는 불향천이니 불향천 가운데에 곧 향적여래를 나타낸 것이며, 입과 혀는 법미천이니 법미천 가운데에 곧 법희여래를 나타낸 것이며, 몸은 노사나천이니 노사나천 가운데에 곧 노사나불과 노사나경상불과 노사나광명불을 성취하여 나타낸 것이며, 뜻은 무분별천이니 무분별천 가운데에 곧 부동여래대광명불을 나타낸 것이며, 마음은 법계천이니 법계천 가운데에 곧 공왕여래를 나타낸 것이며, 함장식천에 아나함경과 대반열반경을 연출하며 아뢰야식천에 대지도론경과 유가론경을 연출한 것이니라.

 선남자야, 불은 곧 법이요, 법은 곧 불이니 합해서 한 모양이 되어서 곧 대통지승여래를 나타낸 것이니라."

 결언

 부처님께서 이 경을 말씀하실 때에 온통 대지가 여섯 가지로 진동하며 광명이 천지에 비추어 끝이 없어 호호탕탕하여 무어라고 이름할 수가 없었습니다. 모든 어둠이 다 밝아지고 온갖 지옥이 다 소멸하여 모든 죄인들이 함께 고통을 면하였습니다.

 이 때 대중 가운데 팔만팔천보살이 함께 성불하였으니 이름은 공왕여래응정등각이고 겁명은 이구요, 국호는 무변이니 온갖 백성들이 모두 보살의 육바라밀을 행하여 너나할 것없이 무쟁삼매를 증득하여 무소득에 이르렀으며,

육만육천 비구, 비구니, 우바새, 우바이들은 대총지를 얻어서 불이법문에 들어갔고, 무수한 천룡, 야차, 건달바, 아수라, 가루라, 긴나라, 마후라, 인비인 등은 법안이 깨끗함을 얻어서 보살도를 행하였습니다.

"선남자야, 만일 다시 어떤 사람이 벼슬의 지위에 오르는 날이나 새로운 집에 들어갈 때 잠깐이라도 이 경을 세 번 읽으면 한없이 대길하여 선신이 보호하여 장수하게 되며 복덕이 풍성하리라.

선남자야, 만일 이 경을 한 번만 읽어도 모든 경을 한 번 읽은 것과 같으며, 만일 한 권만 베껴써도 모든 경을 한 번 쓴 것과 같아서 그 공덕은 말할 수 없으며 허공과 같이 끝이 없어 성인의 도과를 성취하리라.

또 무변신보살마하살이여, 만일 어떤 중생이 정법을 믿지 않고 항상 잘못된 소견만 내다가 문득 이 경을 듣고 비방하여 부처님 말씀이 아니라고 말하면 이 사람은 금생에서 문둥병을 얻어 나쁜 창병으로 얽힌 피가 온몸에 철철 흐르며 악취를 풍겨서 사람들이 미워하며 임종하는 날에는 곧 아비무간지옥에 떨어져서 윗불이 아래로 내려 뿜고 아래불은 위로 올려 뿜으며 쇠창과 쇠작살로 온몸을 쑤시며 구리 녹인 물을 입에다 부어 힘줄과 뼈가 문들어져서 하루에 만 번 죽고 만 번 살아나는 큰 고통을 쉴새없이 받을 것이니, 이 경을 비방한 탓으로 이와 같은 죄를 받느니라."

부처님께서 죄인을 위해서 게송을 말씀하셨습니다.

"이 몸은 자연으로 생긴 몸이니
머리와 사지도 자연으로 갖추어졌고
자라는 것도 자연으로 자라고
늙는 것도 자연으로 늙으며
태어날 때에도 자연으로 생겨나고

죽을 때에도 자연으로 죽으며
키의 크기를 구해도 클 수 없고
적어지려 해도 적어질 수 없다.
즐거움도 괴로움도 스스로 받나니
잘못 되고 잘 되는 것도 네게 달렸으니
좋은 공덕 지으려거든 이 경을 읽어
천년만년 득도해서 법을 전하라."

 부처님께서 이 경을 다 말씀하시니, 모든 대중이 아직까지 느껴본 적이 없는 기쁨을 얻어서 마음이 밝아지고 뜻이 깨끗해져서 기뻐서 뛰면서 모든 모양이 참모양이 아닌 줄을 보고 불지견에 들어가 불지견을 깨달았지만 들어간 것도 없고 깨달은 것도 없으며 아는 것도 없고 보는 것도 없어서 한 가지 법도 얻음이 없는 것이 곧 열반의 기쁨이니라.

도서출판 窓의 "무량공덕" 시리즈

제1권 금강경, 무비스님 편저
제2권 천수·반야심경, 무비스님 편저
제3권 부모은중경, 무비스님 편저
제4권 목련경, 무비스님 편저
제5권 천수·금강경, 무비스님 편저
제6권 천수·관음경, 무비스님 편저
제7권 관세음보살보문품, 무비스님 편저
제8권 금강·아미타경, 무비스님 편저
제9권 불설아미타경, 무비스님 편저
제10권 예불문, 무비스님 편저
제11권 백팔대참회문, 무비스님 편저
제12권 약사여래본원경, 무비스님 편저
제13권 지장보살예찬문, 무비스님 편저
제14권 천지팔양신주경, 무비스님 편저
제15권 보현행원품, 무비스님 편저
제16권 지장보살본원경(상), 무비스님 편저
제17권 지장보살본원경(하), 무비스님 편저
제18권 무상법문집, 무비스님 편저
제19권 대불정능엄신주, 무비스님 편저
제20권 수보살계법서, 무비스님 편저

¤ "무량공덕" 시리즈는 계속 간행됩니다.

☆ 법보시용으로 다량주문시
   특별 할인해 드립니다.

☆ 원하시는 불경의 독송본이나
   사경본을 주문하시면 정성껏
   편집·제작하여 드립니다.

◆무비(如天 無比)스님

· 전 조계종 교육원장
· 범어사에서 여환스님을 은사로 출가
· 해인사 강원 졸업
· 해인사, 통도사 등 여러 선원에서 10여 년 동안 안거
· 통도사, 범어사 강주 역임
· 조계종 종립 은해사 승가대학원장 역임
· 탄허스님의 법맥을 이은 강백
· 화엄경 완역 등 많은 집필과 법회 활동

▶저서와 역서
『금강경 강의』, 『보현행원품 강의』, 『화엄경』, 『예불문과 반야심경』, 『반야심경 사경』 외 다수.

천지팔양신주경

초판 **19**쇄 발행 · 2025년 8월 10일
초판 **19**쇄 인쇄 · 2025년 8월 15일
감　수 · 무비 스님
펴낸이 · 이규인
편　집 · 천종근
펴낸곳 · 도서출판 窓
등록번호 · 제15-454호
등록일자 · 2004년 3월 25일

주소 · 서울시 영등포구 문래북로116 903호(문래동3가, 트리플렉스)
전화 · 322-2686, 2687 / 팩시밀리 · 326-3218
e-mail · changbook1@hanmail.net
홈페이지 · http://www.changbook.co.kr

ISBN 89-7453-125-9　03220
정가 5,000원

*파손된 책은 구입하신 서점이나 《도서출판 窓》에서 바꾸어 드립니다.
☞ 염화실(http://cafe.daum.net/yumhwasil)에서 무비스님의 강의를
　들을 수 있습니다.